『資本論』刊行150年に寄せて

不破哲三

日本共産党中央委員会出版局

本書は、「しんぶん赤旗」（２０１７年8月1～14日付）に掲載された連載「『資本論』刊行１５０年に寄せて」をまとめたものです。若干の字句の加筆・訂正をおこないました。

目　次

表紙写真＝『資本論』初版の扉ページ

はじめに

「資本主義」――マルクスの命名が世界語になった

誕生して300年は無名のまま

私たちは自分たちが生きているこの社会を、「資本主義」という名前で呼んでいます。いったい、こういう呼び方は、いつ、誰がはじめたのか、ご存じでしょうか。

いまから150年前の1867年9月、マルクスが、その生涯をかけた労作『資本論』第1巻を刊行した時、その冒頭、第1篇第1章のいちばん最初の文章を、次の言葉ではじめました。

「資本主義的生産様式が支配している諸社会の富は……」（新日本新書版①59ページ）。

これが、「資本主義」という呼び名が世界に広がる出発点となったのでした。

それまでにも、この社会の仕組みや運動の法則を研究した経済学者は大勢いました。なかでも、アダム・スミス（1723〜90年）やデヴィッド・リカードウ（1772〜1823年）は、いわゆる古典派経済学の代表者で、マルクスも大いに敬意を払った大先輩でしたが、自分が研究の対象としたこの社会に特定の名前を付けることなど、まったく考えませんでした。彼らが、その著作で、自分たちの研究対象を表現する言葉は、いつも「社会」一般、あるいは「国民」一般でした。

マルクス肖像（1867年）

なぜ、そうなったのか。この人たちには、この社会は、人間社会が長い歴史を経て到達した普遍的、一般的な形態であって、特別の名称で呼ぶ必要のある特定の社会形態だとは考えられなかったのでした。

『資本論』では、資本主義社会の歴史は16世紀に始まるとしていますが、この社会はマルクスが命名するまでの約300年間、その生活を無名のまま過ごしてきたことになります。

「資本主義」という命名の意味

マルクスは、社会変革の運動に踏み出し、経済学の研究を始めた最初のころから、この問題では経済学の先人たちとまったく違った立場をとっていました。人間社会がその歴史のなかでさまざまな段階を通って発展してきたこと、その社会は大づかみに見れば、社会の土台をなす経済の仕組みによって段階が区別されること、自分たちが生きているこの社会は、古代の奴隷制や中世の封建制につづく最後の階級社会であること、そして社会の歴史はそこで終わるものではなく、この時代がつくり出した高度な生産力を基礎にした未来の共同社会に引き継がれるだろうこと――社会にたいするこういう見方を、同志エンゲルスと共同して早くから作り上げていたのです。

大英博物館の読書室でマルクスがいつも座っていた席

では、その立場で、現代社会をどう名付けるべきか。この呼び名の問題では、2人とも苦労したようで、このことを相談した手紙も残っています（エンゲルスからマルクスへ、1852年9月）。マルクスは、最初に出した経済学の著作『経済学批判』（1859年）では、「ブルジョア社会」という言葉を選びました。しかし、支配階級だけを社会の代名詞とするこの表現では、どうも満足がいかなかったようで、執筆準備のメモには、1860年ごろから「資本主義」という言葉が登場するようになりました。

そして、1867年9月、いよいよ『資本論』第1巻の刊行とともに、マルクスが命名した「資本主義」という名称が、この社会に冠せられることになったのです。

その時、日本では

この時期は、日本では、明治維新前夜の動乱の時代でした。当時の年表を見ると、67年9月＝薩摩・長州・安芸3藩の挙兵討幕の約定《やくじょう》、10月＝将軍徳川慶喜が大政奉還、11月＝坂本竜馬、京都で暗殺、68年1月＝鳥羽・伏見の戦い、戊辰戦争開始、3月＝西郷隆盛・勝海舟が江戸城無血開城の会談など、激しい騒乱の記録が続きます。

歴史の本では、日本は、明治維新を転機に資本主義的発展の道に足を踏み出したと、よく書かれますが、実は、この時の変革の当事者の頭には、「資本主義」という言葉などはまったくひとかけらもありませんでした。

＊月は旧暦で示しました。日本史を扱う場合、1872年の太陽暦採用の決定以前については旧暦表記をする場合が多いからです。太陽暦に換算すると、多くの事項が1月あとになります（「鳥羽・伏見の戦い」だけは変わらず）。

マルクスの自筆署名入りの『資本論』第1巻初版本（手前右）。奥左はマルクスの自筆訂正が入ったフランス語版『資本論』（法政大学大原社会問題研究所所蔵、2006年の展示会から）

学問の分野でも世界語に

『資本論』第1巻の刊行部数はドイツ語で1000部でしたから、本そのものがそれだけの宣伝力をもったわけではありませんが、「資本主義」という言葉は、国際的な運動のなかでは急速に広がり、やがて今日の社会を表現する当たり前の呼び名となってゆきました。

学問の世界では、少し遅れたようですが、1894年、『資本論』の最後の巻・第三部がエンゲルスの編集で世に出たころには、「資本主義」という名称はすでにかなりの市民権を得ていたように思われます。そして20世紀にはいると、マルクスとは立場を異にする経済学者や社会学者が、「資本主義」という表題をもった著作を堂々と公刊するようになりました。

ドイツの経済学者ゾンバルトの『近代資本主義』（１９０２年）、同じく社会学者マックス・ウェーバーの『プロテスタンティズムの倫理と資本主義の精神』（１９０５年）は、その代表的な現れでした。もはやマルクス命名のこの言葉の世界的な広がりを押しとどめる力はどこにもなくなっていました。

今年（２０１７年）は『資本論』刊行１５０年という記念の年ですが、マルクスを学ぶ人、学ぼうとする人たちだけでなく、「資本主義」という言葉を日常語としている世界のすべての人々にとっても、記念すべき年としてよいのではないでしょうか。

21世紀の資本主義の前途は？

マルクスは、『資本論』で、この社会をあらゆる角度から徹底的に研究しました。『57〜58年草稿』と呼ばれる最初の草稿を書き始めたのが１８５７年、それから膨大な草稿を積み上げ、『資本論』第一部を完成して刊行したのが１８６７年でした。

初版刊行の6年後、第2版の刊行のときに、マルクスは、その研究方法を、現存するもの、つまり資本主義の「肯定的理解」のうちに、「その否定、その必然的没落の理解」を含むものだと述べました（第2版への「あと書き」１８７３年1月、新日本新書版①29ページ）。これは、自分の立場が、資本主義社会の単純な否定ではなく、資本主義社会が人間社会の歴史的発展のなかで果たしてきた役割を誰よりも深く理解するとともに、歴史的使命を果たしたのちは、来たるべき次の社会に席を譲る必然性があることの解明にある、ということです。

現在、世界の資本主義は、マルクスが命名して以来の１５０年の歴史のなかでも、最も深刻だといえる危機と矛盾のなかにあります。

21世紀に入ってから、ブルジョア経済学の世界でも、「ポスト資本主義」という言葉が一種の流行語になりました。中身は多種多様ですが、そこには、資本主義擁護を基本的な立場とするブルジョア経済学の目でも資本主義が現状のままで存続しつづけるとはいえない、今日の事態の重大さがあらわれているといえるでしょう。

世界の資本主義の現状、そしてまたより広い今日の世界の現状は、「資本主義」の名付け親マルクスの目から見ると、どのように見えるのか。本書では、その問題を探ってゆきたいと思います。

現代に光るマルクスの資本主義批判

「祭りが終わってから……」

経済を管理する「社会的理性」がない

〝資本主義社会では、「社会的理性」はいつも「祭りが終わってから」はたらく〟（新日本新書版⑥４９７〜４９８ページ）。

これは、利潤第一主義を行動の原理とする資本主義社会が、経済を管理する理性的な力をもたないことを、痛烈な言葉で指摘したマルクスの警告です。「祭りが終わってから……」とは、日本のことわざで言えば〝あとの祭り〟というところでしょうか。

この批判は、市場の制限など無視して競争で生産拡大の道を突き進み、いつまでも恐慌という周期的災害から逃れられない資本主義の体質に向けられた言葉ですが、21世紀を迎えた今日、マルクスの警告は、いちだんと深刻な意味をもってきています。

原発問題で問われるもの

まず原発問題をみてみましょう。そもそも原発とは、原子力潜水艦という軍事上の要求から開発された原子炉を、安全性の保障もなしに民間向けに転用したものでした。この危険なエネルギー源を大規模に平時の国民生活に取り入れたこと自体、「社会的理性」の存在を疑わせることでしたが、その報いは、スリーマイル（米国、１９７９年）、チェルノブイリ（ソ連、１９８６年）、福島（日本、２０１１年）という、相次ぐ三大事故で世界に示されました。

ところが、日本の政府・財界は、福島での原発事故という大変な災害を経験したのちも、事故現場で放射能の危険を除去する何の見通しも立たないのに、各地で原発を再稼働させています。

問題は災害の危険だけではありません。

原発の運転は、危険な放射性廃棄物を大量に生み出します。その使用済み核燃料から、原発の燃料に再利用できる部分を取り出す作業を「再処理」というのですが、日本では、その作業に成功せず、現在、この危険な使用済み核燃料が原発の敷地内のプールに大量にためこまれたままでいます。

しかも、「再処理」になんとか成功したとしても、そこから出てくる廃棄物は文字通り放射能の塊、人間がそばによるだけで即死するという危険物です。その放射能が人間に被害を及ぼさないほど小さくなるまでには、数万年は必要だとされ、その数万年、これを安全に維持する最終的な解決策はいまだに見つかっていません。見つかったとしても、いったい、自分たちがつくり出した巨大な危険の管理責任を、数万年もの先の未来世代におしつける権限が誰にあるというのでしょうか。

さらに、それにどれだけの費用がかかるか、誰も計算できないでいます。おそらく処理費用を入れると、原発は経済的どころか、最もコスト高のエネルギーだという結論が出るのではないでしょうか。

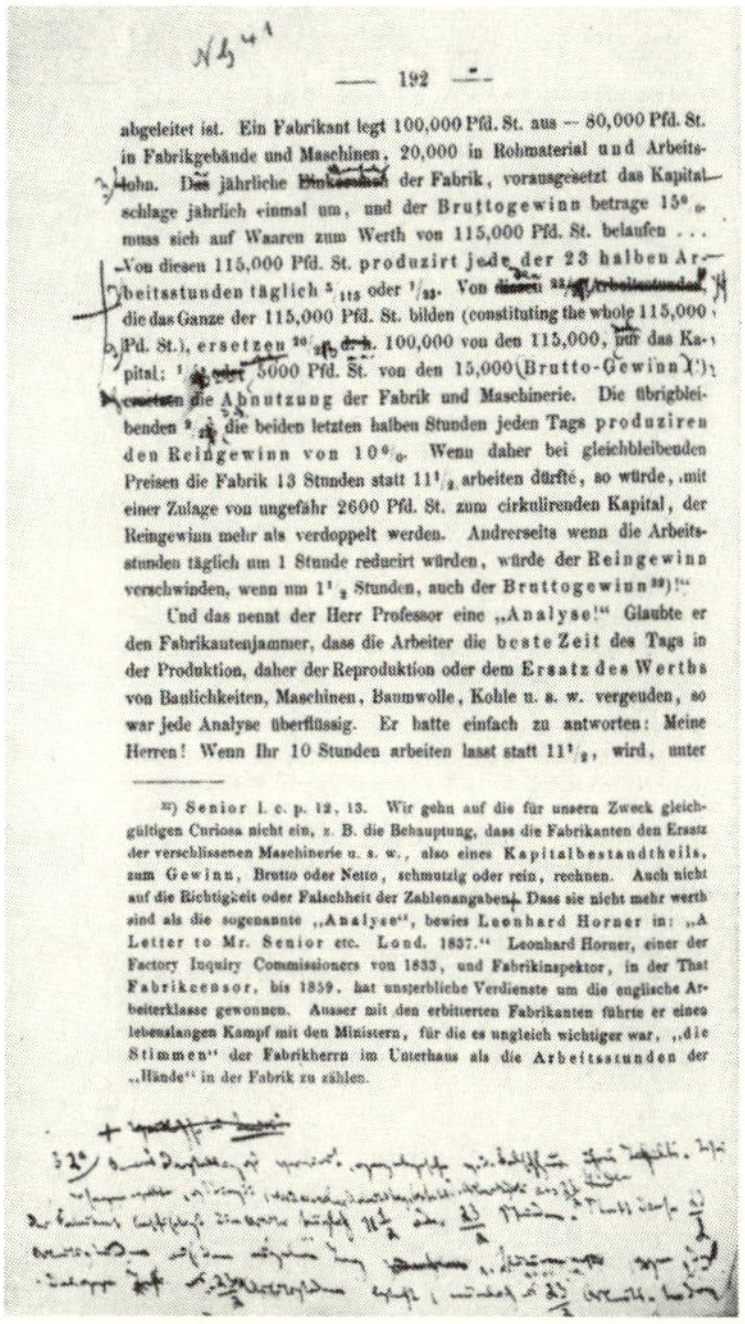

— 192 —

abgeleitet ist. Ein Fabrikant legt 100,000 Pfd. St. aus — 80,000 Pfd. St. in Fabrikgebände und Maschinen, 20,000 in Rohmaterial und Arbeitslohn. Das jährliche Einkommen der Fabrik, vorausgesetzt das Kapital schlage jährlich einmal um, und der Bruttogewinn betrage 15%, muss sich auf Waaren zum Werth von 115,000 Pfd. St. belaufen . . . Von diesen 115,000 Pfd. St. produzirt jede der 23 halben Arbeitsstunden täglich 5/115 oder 1/23. Von diesen 23/23 Arbeitsstunden, die das Ganze der 115,000 Pfd. St. bilden (constituting the whole 115,000 Pfd. St.), ersetzen 20/23 d. h. 100,000 von den 115,000, nur das Kapital; 1/23 oder 5000 Pfd. St. von den 15,000 (Brutto-Gewinn) ersetzen die Abnutzung der Fabrik und Maschinerie. Die übrigbleibenden 2/23, die beiden letzten halben Stunden jeden Tags produziren den Reingewinn von 10%. Wenn daher bei gleichbleibenden Preisen die Fabrik 13 Stunden statt 11½ arbeiten dürfte, so würde, mit einer Zulage von ungefähr 2600 Pfd. St. zum cirkulirenden Kapital, der Reingewinn mehr als verdoppelt werden. Andrerseits wenn die Arbeitsstunden täglich um 1 Stunde reducirt würden, würde der Reingewinn verschwinden, wenn um 1½ Stunden, auch der Bruttogewinn[32])!"

Und das nennt der Herr Professor eine „Analyse!" Glaubte er den Fabrikantenjammer, dass die Arbeiter die beste Zeit des Tags in der Produktion, daher der Reproduktion oder dem Ersatz des Werths von Baulichkeiten, Maschinen, Baumwolle, Kohle u. s. w. vergeuden, so war jede Analyse überflüssig. Er hatte einfach zu antworten: Meine Herren! Wenn Ihr 10 Stunden arbeiten lasst statt 11½, wird, unter

[32]) Senior l. c. p. 12, 13. Wir gehn auf die für unsern Zweck gleichgültigen Curiosa nicht ein, z. B. die Behauptung, dass die Fabrikanten den Ersatz der verschlissenen Maschinerie u. s. w., also eines Kapitalbestandtheils, zum Gewinn, Brutto oder Netto, schmutzig oder rein, rechnen. Auch nicht auf die Richtigkeit oder Falschheit der Zahlenangaben. Dass sie nicht mehr werth sind als die sogenannte „Analyse", bewies Leonhard Horner in: „A Letter to Mr. Senior etc. Lond. 1837." Leonhard Horner, einer der Factory Inquiry Commissioners von 1833, und Fabrikinspektor, in der That Fabrikcensor, bis 1859, hat unsterbliche Verdienste um die englische Arbeiterklasse gewonnen. Ausser mit den erbitterten Fabrikanten führte er einen lebenslangen Kampf mit den Ministern, für die es ungleich wichtiger war, „die Stimmen" der Fabrikherrn im Unterhaus als die Arbeitsstunden der „Hände" in der Fabrik zu zählen.

第２版準備のためマルクスが書き込みを入れた『資本論』初版本

ここには「社会的理性」を失った資本主義の無責任さの、最悪のあらわれがあります。

「地球温暖化」――人類史的な危険が発見された

さらに、「社会的理性」を問われている最大の人類的危機は、地球温暖化の問題です。地球が、人類をはじめ生物の生存のための安全装置をもっていることをご存じでしょうか。〝地球大気〟です。大気の層が厚く地球をおおっていることが、地球に降り注ぐ紫外線などの悪影響や地表温度の高熱化から生物を守り、その生存を保障しているのです。

ところが、この〝生命維持装置〟がくずれて、地球の大気や海水の温度が上昇しはじめていることが、40年ほど前から問題になっていました。安全機能の鍵を握るのは、大気中の二酸化炭素（CO_2）の量ですが、この濃度の上昇が危険水域に入っていたのです。

原因が、人間社会のエネルギー消費量の急カーブの増加にあることも、すぐ明らかになりました。主要なエネルギー源は、石油・石炭などの化石燃料ですが、問題の根源は、その燃焼とともに吐き出す二酸化炭素の増大にありました。

人類のエネルギー消費量は、『資本論』刊行の時代には、年間4億8000万トンあまり（原油換算）、それが、最近では320億トン以上にまで急増して（2014年）、地球大気の変質を引き起こしていたのです。問題は「生産のための生産」を旗印にした資本の活動にありました。

人間社会がこの危険との闘争に立ちあがる転機となったのは1997年の「京都会議」でした。まさに〝祭りは終わった〟のです。

資本主義の存続の是非が問われている

国連は、2050年までに「先進国」は温暖化ガスの排出量を80％以上減らし（1990年基準）、世界全体で50％以上減らす、という目標を提起しました。まさに人類の生存を守る闘争目標です。これをやり抜く力をもたない社会体制には、人類の危機に対処する能力をもたない体制として、人類史的な審判がくだされるでしょう。

ところが、アメリカのトランプ政権は、「地球温暖化」はウソだといって、このたたかいからの離脱を公然と宣言しました。それに次ぐだらしなさで「先進国」の筆頭に立つのが日本です。この二つの国の資本主義は、人類社会の目から見ても、経済を管理する「社会的理性」を放棄した社会とみなされざるをえないでしょう。

結集して「社会的バリケード」を

労・資の抗争。二つの歴史的教訓

マルクスは、『資本論』第一部の「労働日」の章を書くために、イギリス資本主義の発足以来の、労働時間をめぐる労働者と資本家の階級的抗争の歴史を徹底的に研究しました。そして、そこから、21世紀の今日なお有効な、二つの歴史的教訓をひきだしました。

第一の教訓。「資本は、社会によって強制されるのでなければ、労働者の健康と寿命にたいし、なんらの顧慮も払わない」。

マルクスは、この教訓に次の解説をつけました。それは、善意・悪意の問題ではない、競争で資本家たちにおしつけられる「資本主義的生産の内在的な諸法則」なのだ、と（新日本新書版②464ページ）。

第二の教訓。資本主義の法則に対抗する「社会による強制」とは何でしょうか。それは、国家の法律で資本の無法を抑えることです。

イギリスの労働者階級は、選挙権をもたなかった時代に、マルクスが事実上の「半世紀にわたる内乱」と呼んだ闘争によって、1850年、世界で初めての「10時間労働法」（工場法）をかちとりました。マルクスは『資本論』のなかで、全世界の労働者にイギリスに続けとよびかけました。

「労働者は結集して、階級として一つの国法を」、自分たちとその同族を「死と奴隷状態におとしいれることを阻止する強力な社会的バリケードを奪取しなければならない」（同525ページ）。

どの国の労働者も、こういう「社会的バリケード」をかちとってはじめて、自分とその一族、わが階級の存続をまもれるのです。

「社会的ルール」の世界的な前進

1850年の10時間労働法に始まる「社会的バリケード」は、以来160年余の歴史のなかで、労働者と国民の生活を守る「社会的ルール」として、世界的には大きな発展を遂げ、その内容を拡大・充実させてきました。そこには、いくつかの画期的な時期がありま す。

（1）第1次大戦後、ロシア革命の影響のもとで、労働条件の向上を任務とする国際組織ＩＬＯ（国際労働機関）が発足し（1919年）、ドイツのワイマール憲法（同年制定）に、国民の生活権が、憲法上の基本的権利として初めて明記されました。
（２）１９３０年代の人民戦線の時代に、フランスの労働者が、世界最初の有給休暇の権利をはじめ、労働条件を保障する画期的な協定（マティニヨン協定）をかちとり、世界的にも大きな影響をおよぼしました。
（３）第2次大戦後に成立した国際連合は、国際人権規約の制定（１９６６年）をはじめ、この分野でも多くの前進をかちとってきました。

日本の立ち遅れの克服を

イギリスでの最初の歴史的勝利を含め、「社会的ルール」の前進の画期となったこの四つの時期に、日本はどんな状態だったでしょうか。

――イギリスでの工場法獲得の年（１８５０年）は、幕末のペリー米艦隊来航の3年前でした。

――ロシア革命後、労働法と国民の生活権確立が国際的な大問題となった時期は、日本全土がシベリア出兵（１９１８～22年）と米騒動（１９１８年）で内外大揺れの時期でした。先進的な労働者の手で最初のメーデーがおこなわれる（１９２０年）などはありましたが、「社会的バリケード」をかちとる闘争が問題になる条件はありませんでした。

――１９３０年代の人民戦線の時代は、すでに「満州」（中国東北部）での侵略戦争が始まり、それが対中国全面戦争に拡大する前夜、治安維持法が荒れ狂い、労働総同盟が戦争協力の立場から「同盟罷業（ストライキ）絶滅」を宣言する（１９３７年）ような時代でした。

「産業報国、ストライキ絶滅」を決議した全日本労働総同盟の大会（1937年10月）

――では戦後はどうか。民主化の波のなかで、８時間労働を定めた労働基準法（１９４７年）は制定されたものの、それは、「８時間労働」は看板だけで、残業賃金さえ払えば、実質労働時間はいくら長くてもかまわないという中身のものでした。

私は、大学卒業後、１９５０年代半ばから鉄鋼産業の労働組合で働きましたが、その時、一流の大企業の高熱重筋労働の作業現場で、〝12時間2交代制〟が正規の労働体制となっていることを知って、びっくりしたことを、いまもよく覚えています。

このように、世界が「社会的ルール」を前進させてきた四つの時期のすべてが、日本社会に影響を与えることなく過ぎてしまった、というのが、これまでの偽らざる歴史でした。この立ち遅れの克服こそ、日本社会が担っている大きな課題だということを強調したい、と思います。

恐慌の〝秘密〟を解く

恐慌をめぐる理論問題とは?

資本主義社会の最大の経済的災害は、恐慌です。それは、1825年のイギリスの恐慌から始まって、200年近くたったいまでも、周期的に社会をゆるがし続けています。なぜ、恐慌が起こり、いつまでもくりかえされるのか。多くの経済学者がこの問題に取り組みましたが、誰もこの難問を解決することはできませんでした。そして、恐慌の〝秘密〟をはじめて解いたのが、マルクスでした。

しかし、そのマルクスにしても、明確な解答に到達するまでの理論的な苦闘はなみたいていのものではありませんでした。

恐慌が起きる根源が、利潤第一主義を最高の行動原理とする資本主義の体制そのものにある――マルクスは、このことについては、1857~58年、『資本論』にいたる草稿を書きはじめた段階で、ほぼ明確な解答をえていました。資本は、できるだけ大きな利潤を獲得しようと、競争で生産拡大の道を進みますが、主要な消費者である労働者はできるだけ安い賃金で働かせたい。この矛盾が恐慌の根底にある、という解答です。

マルクスを悩ました問題は、その先にありました。この矛盾が、どうして周期的に恐慌が爆発するという形態をとるか、という問題です。

生産と消費の矛盾と言っても、市場経済は、そのバランスが崩れたらすぐそれを直す調節作用を持っているはずです。恐慌の場合には、その調節作用がなぜ働かないのか。

また、恐慌の周期性も問題でした。ある段階までは、生産と消費は並行して順調に発展するのに、それが進行すると、突然、事態が悪化して、恐慌の破局に急転換する。資本主義経済は、どうしてこんな循環運動をくりかえすのか。

マルクスが、科学的な解答を求めて苦闘を続けたのは、この問題でした。

苦闘8年目の大発見

1857年10月、草稿を書きはじめてからの最初の7年半は、まったく間違った道――利潤率低下の法則の発動によって恐慌の運動法則を説明しようという、誤った道に立っての苦闘でした。

転機が訪れたのは、1865年に入って早々のことでした。はじめて第二部の執筆にとりかかり、〝資本の循環〟の章を書いている最中、長年の難問への予想外の解決策が頭にひらめいたのです。

おそらく電撃的なひらめきだったのでしょう。マルクスはただちに、新しい恐慌論の骨子を十数行の短い文章で、草稿ノートに書きこみました。そのあと、〝循環〟論を書き続けながら、発見した新たな理論立てについて考えをめぐらしたのだと思います。6ページほど先のノートに、新たに到達した恐慌論の内容を、今度はほぼ1ページにわたって書きこみました。

新展開の眼目は、商人資本の役割に注目したところにありました。それが、再生産過程を、現実の需要から離れた「架空の軌道」に導き、生産と消費の矛盾を恐慌の激発にまで深刻化させるという、資本主義独自の運動形態を生み出す。その新理論の骨組みが、苦闘8年目の草稿ノートに記録されたのでした。おそらく1865年1月か2月のことだったと思いますが、『資本論』の転換点ともいえる劇的な瞬間でした。

経済学の新しい地平が開かれた

この発見は、恐慌問題にとどまらず、資本主義の現段階の見方から、社会変革の論理のとらえ方、さらには、『資本論』そのものの構想の立て方にまで影響を及ぼす、まさにマルクスの経済学の新しい地平を開く意義をもちました。

マルクスは、恐慌論のこうした到達点をのちに、『資本論』第二部第3篇の後半部分でまとまった形で展開するという構想を立てましたが、そこまで執筆する時間をもたないいま、1883年3月、その生命を閉じました。

『資本論』とその諸草稿集を年代順に並べて講義する著者＝2014年７月、日本共産党本部

では、現行の『資本論』では、その到達点を読むことはできないのか。いや、心配はありません。マルクスは、新発見の数カ月後に書いた第三部後半の草稿のなかに、新しい恐慌論の内容を、かなりまとまった形で書き残してくれました。第4篇第18章、新日本新書版⑨514～516ページの文章です。
特別に恐慌論らしい表題がついているわけではないので、読み過ごされがちのところですが、ここでは、商人資本の役割に焦点を当てながら、新しい理論展開の筋道が詳しく説明されています。『資本論』全巻のなかで、マルクスの恐慌論の真髄にせまる唯一の貴重な文章ですから、ぜひ、目を通していただきたいと思います。

搾取と支配が社会全域に

限度なしに拡大する社会の格差

「人民の消費力が減退し、労働者階級の窮乏と貧困とが増大しているのに、それと同時に上層階級における富の不断の蓄積と資本の不断の増大とが行なわれているということは、この国の社会状態のもっとも憂鬱《ゆううつ》な特徴の一つである」

これは、どこの国の誰の言葉だと思いますか？　19世紀に首相を4度もつとめたイギリスの政治家グラッドストン（1809～98年）が、1843年に議会でおこなった演説の一節です。マルクスは『資本論』で、この言葉とともに、20年後、この政治家が議会でふたたびこの問題をとりあげ、貧富の格差がさらに「信じられないほど」拡大したと訴えたことを紹介しながら、先進的資本主義国イギリスにおける格差拡大の現状を告発したのでした（新日本新書版④1118～1119ページ）。

しかし、それから150余年たった今日、世界における格差の拡大は、グラッドストンを「憂鬱」にさせる程度の話ではなく、数字を聞いたら誰も「信じられない」というだろうほど、途方もない状況になっています。

この問題についての調査を続けている国際民間団体オックスファムの報告は、2017年1月の時点で、世界の最上層にたつ富豪8人の資産総額が、36億人の下層部分（世界人口の半分）の資産総額と同額だという驚くべき数字を発表しました。なんと4億5000万倍の格差があるという数字です。

マルクスは、『資本論』で、個々の企業における搾取の問題だけでなく、資本主義が生み出す社会的格差の拡大の問題にも、分析の目をむけました。

資本の利潤第一主義は、個々の企業の内部で労働者を搾取し抑圧するだけではありません。社会全体を資本の支配下におき、労働者階級の全体を社会的な搾取の鎖にしばりつけ、貧富の格差拡大を社会の鉄則とします。マルクスは、『資本論』のなかで、この問題に特別の1章を当て（第一部第7篇第23章）、格差拡大を鉄則とする資本主義の仕組みを明らかにしました。

マルクスの目で現代の職場と社会をみよう

労働者階級の全体を縛りつける社会的な鎖とはなにか。

資本主義が労働者の大きな部分を失業・半失業の状態に落ち込ませ、その社会的圧力で現役労働者により過酷な労働条件をおしつける社会的な仕組みをつくりあげたことです。現役労働者を取り囲む失業・半失業の膨大な部隊を、マルクスは「産業予備軍」と呼び、その役割を次のように描きだしました。

——この予備軍の大きな隊列が存在するために、その社会的圧力を受けて、現役労働者は資本の命令に服従せざるを得なくなり、より過酷な労働をも我慢するようになる。

——こうして、労働者階級の一部分が過度労働を担わされることは、雇用の範囲をせばめ、労働者の他の部分を失業・半失業の状態（マルクスはこれを皮肉な言葉で「強制的怠惰」と表現しています）に突き落とす。

マルクスのこの目で、現在の日本社会を見てください。「就業」労働者といっても、短期で解雇可能な「非正規」労働者が大きな比重を占めるようになり、「正規」と「非正規」のあいだには、150年前に『資本論』で分析されたような関係が、より巧妙・悪質な形で横行しているではありませんか。そして「過労死」を生む異常な労働条件が、大企業の職場でも当然視されているのです。

実際、このような労働現場の実態を基礎に、社会的な格差は、グラッドストンが150年前に告発したイギリスの状態をはるかに超え、世界的ベストセラーになった『21世紀の資本』の著者トマ・ピケティをはじめ、マルクスとは立場を異にする多くの経済学者が、21世紀資本主義の前途に警告の声をあげているのは、ご承知のとおりです。

プロメテウスとともに鉄鎖を断とう

マルクスは、「産業予備軍」に依拠して労働者を「貧困、労働苦、奴隷状態」に縛りつけるこの状態を、最高神ゼウスによってカウカソスの岩山に強力な鎖で縛りつけられた巨人プロメテウスの物語にたとえました（新日本新書版④1108ページ）。プロメテウスとは、ギリシャ神話の英雄的巨人で、人類に火を与えたために、最高神ゼウスの怒りを買ったのでした。

1843年、ドイツで流布した風刺画「縛られたプロメテウス」

マルクスは、このプロメテウスが大好きで、若いころ、大学に哲学の学位論文を提出した時、その「序言」をプロメテウスへの賛辞で結んだほどでした。この話も、労働者階級への抑圧の強烈さを示すたとえ話ではなく、そこに込められているのは、搾取の鉄鎖を打ち砕くために、プロメテウスともにたたかおうという、熱い呼びかけでした。

マルクスは、大学卒業後、「ライン新聞」を舞台に活躍し、やがてその編集長になりましたが、その革命的民主主義的傾向を恐れた政府は、１８４３年1月、この新聞に禁止命令を出しました。ここに掲載した「縛られたプロメテウス」の絵は、その時、流布された風刺画の一つで、マルクスをプロメテウスになぞらえたものでした。

資本主義は人類史の過渡的一段階

物質的生産力の高度な発展

マルクスの資本主義に対する見方は、批判一本やりではありませんでした。実際には、人間社会の歴史に占める資本主義時代の積極的な役割をマルクスほど深く理解した人物はいなかったと言っても、決して言い過ぎではないでしょう。

未来社会の現実的土台をつくりだす

資本主義の諸悪の根源ともいうべき利潤第一主義ですが、その歴史的意義について述べたマルクスのつぎの文章を読んでみてください。

「価値増殖の狂信者として、彼は容赦なく人類を強制して、生産のために生産させ、それゆえ社会的生産諸力を発展させ、そしてまた各個人の完全で自由な発展を基本原理とする、より高度な社会形態の唯一の現実的土台となりうる物質的生産諸条件を創造させる」（新日本新書版④1015〜1016ページ）。

生産力を高度に発展させることで、未来社会の物質的基礎をつくり出す——利潤第一主義は、人類を強制して、結果的にはこういう役割を果たさせているのだ、という指摘です。「はじめに」の部分で、資本主義の「肯定的評価」というマルクスの研究態度を紹介しましたが（12〜13ページ）、これは、その態度で資本主義社会を意義づけた典型的な文章の一つです。

諸個人の「自由な時間」の保障

マルクスが、資本主義が未来社会にひきつぐ最大の遺産として、社会的生産諸力の発展を強調するのは、物質的に豊かな生活を保障するという意味だけではありません。

いまの文章でも、未来社会を、「各個人の完全で自由な発展」を「基本原理」とする社会と特徴づけていたでしょう。マルクスは、『資本論』執筆中におこなったインタナショナルでの講演（１８６５年）の中で、「時間は人間の発達の場である。思うままに処分できる自由な時間をもたない人間、睡眠や食事などによるたんなる生理的な中断をのぞけば、その全生涯を資本家のために労働によって奪われる人間は、牛馬にも劣るものである」（『賃金、価格および利潤』）と述べました。

社会のすべての人間に、「発達の場」である「自由な時間」を保障する、ここに資本主義社会を共同社会に変革する事業の最大の人類史的意義があるのです。

巨大な生産力の発展がなければ、搾取社会が共同社会に変わっても、個々人はわずかの「自由な時間」しか与えられず、社会変革が「各個人の完全な自由な発展」と結びつくことなど起こりえないでしょう。マルクスが展望した未来社会論の眼目はまさにここにあったのでした。

マルクスも見学したロンドン万国産業博覧会（1851年）の紡績機械展示場＝玉川寛治著『「資本論」と産業革命の時代』（新日本出版社）から

搾取論の総括部分で未来社会論を説く

こういう角度からの未来社会論は、まとまった形では、第三部第7篇で展開されますが、注意して読むと、未来社会の問題は『資本論』の各所に顔を出しています。すでに第一部の商品論でも、未来社会は「自由な人々の連合体」として特徴づけられていましたが、剰余価値の搾取を「絶対的」および「相対的」の二つの角度から分析した後、その総括的なまとめの部分で、マルクスは、この問題で未来の共同社会を資本主義社会と対比して、こう論じています。

共同社会では、社会のすべての労働能力のある成員のあいだでの労働の均等な配分がすすめばすすむほど、社会の生活時間のうちで「物質的生産のために必要な部分がそれだけ短くなり、したがって、諸個人の自由な精神的および社会的な活動のために獲得される時間部分がそれだけ大きくなる」。

資本主義社会では、「一階級（支配階級のこと—不破）の自由な時間は、大衆のすべての生活時間を労働時間へ転化することによって生み出される」（新日本新書版③906ページ）。

「自由な時間」の万人への保障の問題は、『資本論』の最初の巻から、来たるべき社会変革の眼目に位置づけられているのです。

この問題は、後ほどより立ち入って考えることにしますが（51～54ページ）、ここでは、搾取論の総括のところで、マルクスが未来社会の問題をこういう内容で論じていた、そのことの重みを、ぜひ読みとっていただきたい、と思います。

「世界市場」の形成

ヨーロッパが世界の「片隅」になる

マルクスが資本主義の歴史的功績としてしばしば強調するのは、この経済体制がはじめて世界市場をつくりだした、ということです。

『資本論』のずっと以前のことですが、たいへん印象的なマルクスの言明があります。1858年、アメリカでのカリフォルニアの金鉱発見などに続き、幕末の日本からの開国の報を聞いたとき、エンゲルスへの手紙に書いた文章です。

まず、ブルジョア社会本来の任務である「世界市場」創設の任務はこれで終わったように見える、と書き、そのあと、世界のなかでヨーロッパ大陸の位置の変化についてこう続けました。

「ヨーロッパ大陸では革命が切迫していて、すぐにも社会主義的な性格をとるだろう。もっとずっと大きな地域でブルジョア社会の運動が今なお上昇中だが、だからといって、この小さな片隅での革命は必ずしも圧しつぶされはしないのではないだろうか？」（1858年10月8日付）。

資本主義が世界にひろがれば、ヨーロッパは世界の「小さな片隅」になる。ずいぶん思い切った発言でしたが、ヨーロッパ以外の地域で、ブルジョア社会の運動がヨーロッパにせまる勢いを示したのは、19世紀段階では、アメリカと日本だけでした。

マルクス、資本の「文明化作用」を語る

その後、マルクスは、ヨーロッパの資本主義が世界に広がり、世界市場を形成する過程を詳しく研究したようです。その過程は、アジア、アフリカ、アメリカ大陸に成立していた多くの古代文明を破壊し、そこを植民地にして何千万、何億の住民を奴隷化しながらの展開でした。彼は、『資本論』のなかでその歴史を詳述し（第一部の「いわゆる本源的蓄積」の章の第6節「産業資本家の創生記」）、その最後を次の言葉で結びました。

「資本は、頭から爪先まで、あらゆる毛穴から、血と汚物とをしたたらせながらこの世に生まれてくる」（新日本新書版④1301ページ）。

マルクスは、歴史はそこで終わるものでないことを、よく知っていたのだと思います。

マルクスは、『資本論』とその草稿のなかで、奴隷制などの古い搾取制度が、資本主義的搾取制度に交代することは、それがどんなに暴力的な過程をとったとしても、生産力と

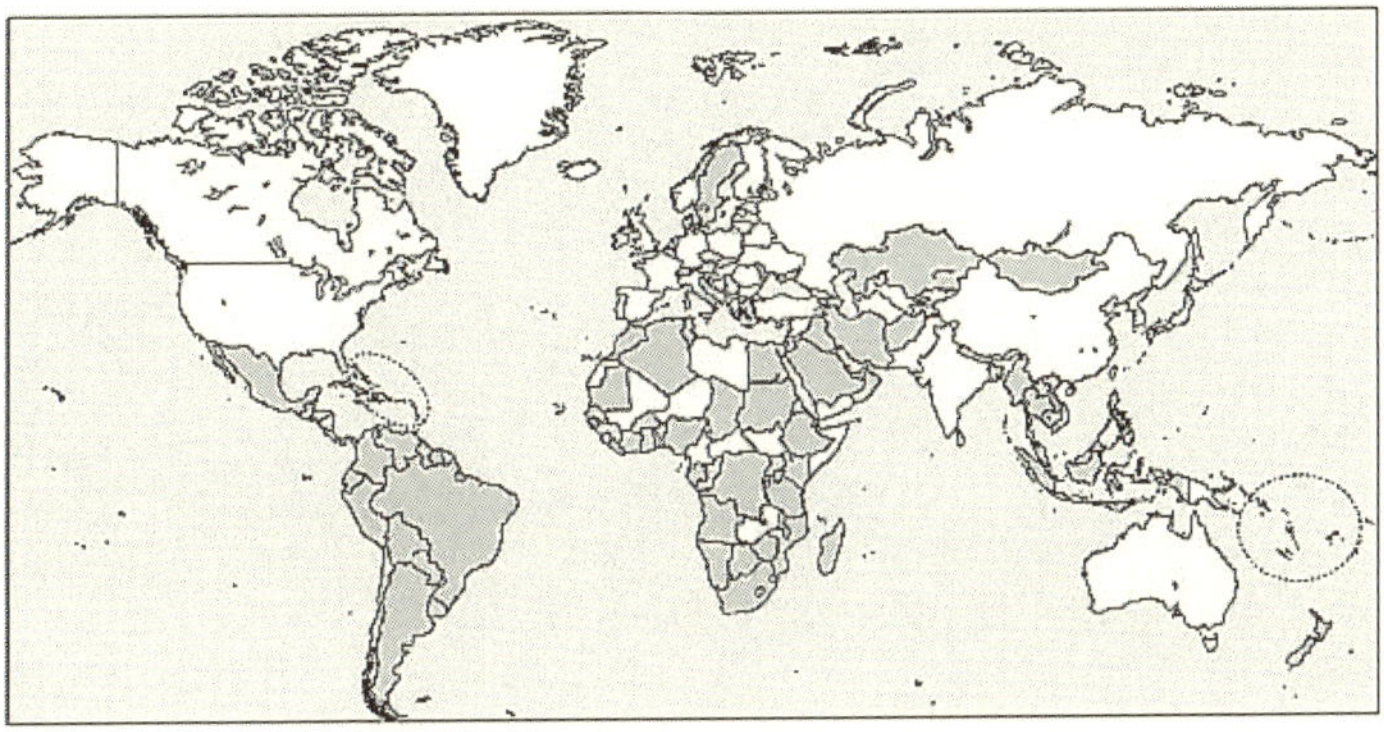

核兵器禁止条約に賛成した122カ国

社会的諸形態の発展にとって、また「より高度の新たな社会形態のための諸要素の創造」にとって、「文明化」的意義をもつということを強調しました（同⑬1433～1434ページ）。

これは、世紀を超える広い歴史的視野で世界を見るマルクスでなければ、語れない言葉でした。

21世紀、世界は変貌しつつある

ヨーロッパでの革命はマルクスの予想通りには進まず、20世紀には少数の資本主義大国がアジア・アフリカ・ラテンアメリカの広大な地域を植民地として支配する帝国主義時代を現出しましたが、その時代は、わずか数十年、世界史的にはごく短い期間で終わりました。

とくに第2次大戦後には、主権と独立をめざす諸国民の闘争が地球規模で起こり、1960年の国連総会では、ついに地球上から植民地支配を一掃する「宣言」が採択されました。アジア・アフリカ・ラテンアメリカの植民地・従属諸国が、独立国家の巨大な集団に変わる道が開かれたのです。

そして21世紀、少数の大国が世界政治を支配する古い世界体制から、大国と小国の序列のない新しい世界秩序にむかって、大きく足を踏み出しつつあります。今年（２０１７年）開催された核兵器禁止条約策定のための国連会議は、まさにそこに世界の本流があることの力強い実証となりました。日本共産党の志位和夫委員長がこの国連会議に出席して発言しましたが、このことは、わが党としてはもちろん、国連としても発足以来はじめてのことでした。

「小さな片隅」とは、マルクス流の誇張ですが、諸大国が世界のすべてだった時代は、確実に終わりを告げつつあるのです。

自由と民主主義の旗

民主主義の政治体制が可能に

マルクスは、『資本論』にいたる最初の草稿のなかで、資本主義を奴隷制・農奴制などの以前の搾取制度とくらべて、個人の「人格的独立性」が承認されたところに質的な最大の違いがあることを強調しました（『57～58年草稿』）。

奴隷主と奴隷の関係、封建領主と農奴の関係は、すべて権力的な支配にもとづく搾取関係であるのにたいし、資本と労働者の関係は、自由な人間と人間との間の労働力の売買関係にもとづくものだったからです。『資本論』でも、労・資の関係では、建前としては、「自由」と「平等」が経済関係の原則となることが強調されています（新日本新書版②300～301ページ）。

このことは、資本主義社会の発展とともに、政治的上部構造で、国民に平等の権利を与える民主主義の体制、共和制あるいは議会制民主主義の実現が可能とも必然ともなってくることを示すものでした。

ギリシャやローマの時代にも共和制はありましたが、それは、被搾取階級である奴隷たちを排除した、支配階級だけの共和制でした。国民全体を代表する民主主義の制度は、資本主義の発展とともに、はじめて可能になったもので、１７７６年のアメリカの独立と１７８９年のフランス大革命は、国民を代表する民主的共和制の歴史上初めての登場でした。

民主主義革命の先頭に立って

マルクスが革命活動に参加した時期、１８４０年代は、フランス革命終結後の反動期で、民主主義の制度をもった国と言えるのは、ヨーロッパではスイスぐらいしかありませんでした。資本主義の先進国イギリスでも、ブルジョアジーは君主や貴族・地主階級にたいしては自分たちの権利を主張しましたが、労働者は政治から閉め出されたままでした。

マルクス、エンゲルスは、労働者の選挙権を要求するイギリスのチャーチズムの運動に早くから支援の活動を続けてきましたが、１８４８年、フランスとドイツで革命がおこった時には、当時、活動していたパリから、ただちにドイツの故郷ライン地方に帰って革命の先頭にたちました。彼らが掲げた革命の旗印は、「全ドイツを単一不可分の共和国に」でした。

資本主義の産物である民主主義の政治制度が、社会主義をめざす変革において、どういう役割を果たすのか。この問題で、マルクスが発展的な見解を示したのは、1870年代の中頃でした。

イギリスでは、数次の選挙制度改革ですでに労働者階級の多数が選挙権をもつようになっていました。フランスでは、1870年の対独戦の敗北でボナパルト帝政が瓦解し、共和制が復活しましたが、パリ・コミューンの敗北後、反動が荒れ狂っていました。ドイツでは、オーストリアを除く全ドイツの統一が完成しましたが、実体は帝政の専制政治で、議会は飾り物でした。

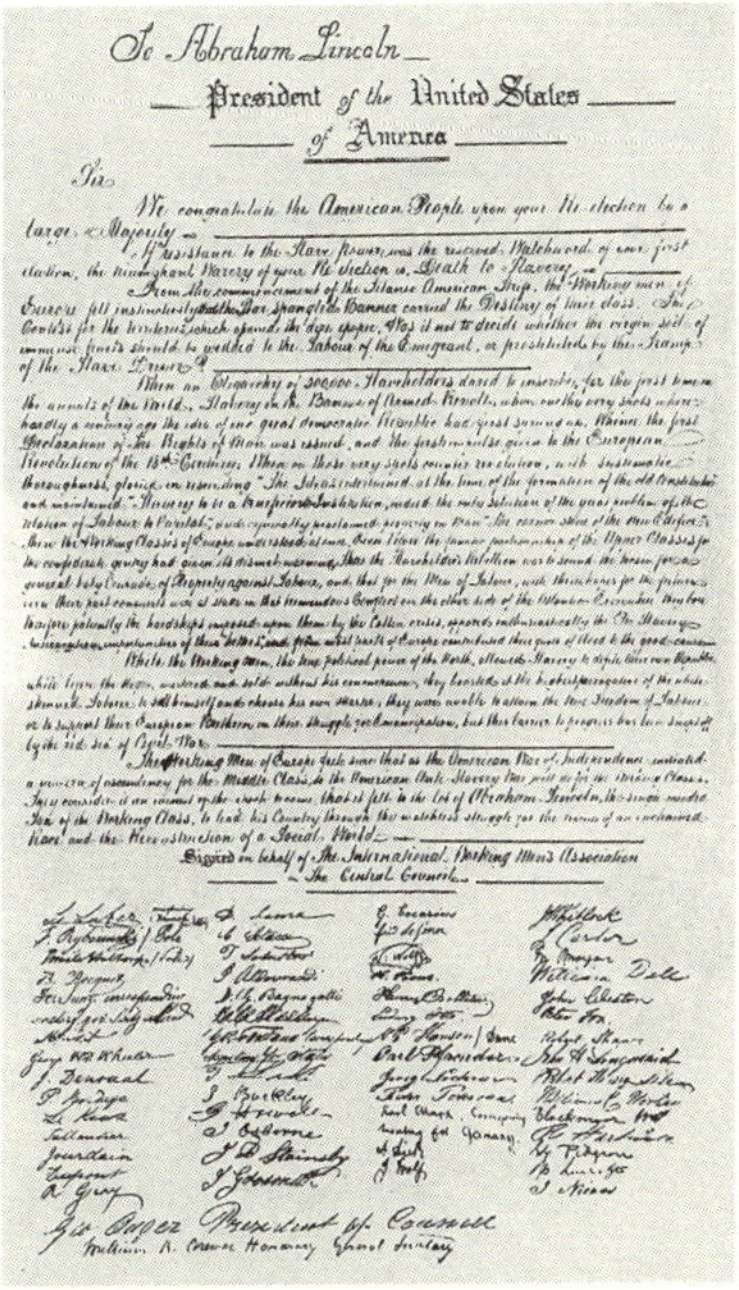
To Abraham Lincoln
President of the United States
of America

Sir,

We congratulate the American People upon your re-election by a large Majority.

Signed on behalf of the International Working Men's Association
The Central Council

大統領再選を果したしたリンカーン
に送られたインタナショナルの祝
辞（1864年、マルクス執筆）

ヨーロッパのこれらの諸事件にさきだって、共和制の威力を発揮する出来事が、アメリカで起こりました。1860年の大統領選挙で反奴隷制派のリンカーンが勝利した時、奴隷制擁護の南部諸州が内戦を起こしたのです（61年）。4年にわたる内戦は、リンカーン派の勝利に終わり（65年）、奴隷制は一掃されました。大統領選挙の結果が、国の政治・経済の根本問題を解決したのです。アメリカでのこの事件は、マルクスの革命観に大きな影響を及ぼしたようです。

マルクス、多数者革命論を提起する

1870年代後半、マルクスは、ドイツの議会に運動弾圧の反動立法が提起されたとき、それについての覚書のなかに、革命の展望に関する新しい見解を書きつけました。

「時の社会的権力者のがわからのいかなる強力的妨害も立ちはだからないかぎりにおいて、ある歴史的発展は『平和的』でありつづけうる。たとえば、イギリスや合衆国において、労働者が国会（パールメント）ないし議会（コングレス）で多数を占めれば、彼らは合法的な道で、その発展の障害になっている法律や制度を排除できるかも知れない。……それにしても、旧態に利害関係をもつ者たちの反抗があれば、『平和的な』運動は『強力的な』ものに転換するかも知れない。その時は彼らは（アメリカの内乱やフランス革命のように）強力によって打倒される、『合法的』強力にたいする反逆として」（1878年9月『マルクス・エンゲルス全集』㉞412ページ）。

これは、多数者革命論を、マルクスがはじめて提起したものでした。マルクスが、ここで問題をイギリスとアメリカに限定した根拠は、先ほどの情勢説明でおおよそを理解してもらえると思います。

マルクスの発言から約１４０年、当時は、民主主義の代表的な国と言えば、イギリスとアメリカしかなかったのですが、現在では、政治的民主主義は、文字通り地球規模にひろがっています。もちろん、これをくつがえそうとするさまざまな逆流はあり、それとのたたかいを忘れることはできませんが。

それにしても、１８７８年のマルクスが、革命の平和的、合法的発展の可能な国の代表として、君主制の国であるイギリスと、共和制の国であるアメリカとを並べてあげたのは、なかなか興味深いことだと思います。

マルクスの未来社会論

未来社会論をめぐるレーニンの誤解をただす

次は、資本主義社会と交代する次の社会の問題です。マルクスは、『資本論』で、未来社会のどのような展望をしめしたのでしょうか。

未来社会論が百年以上も見落とされてきた

マルクスが、未来社会を、「発達の場」である「自由な時間」を社会のすべての人間に保障する社会として展望したことは、すでに見てきました（33～36ページ）。マルクスは、この問題を、『資本論』第三部の最後の部分で、より本格的に解明しました（新日本新書版⑬1434～1435ページ）。この部分は、マルクスが1865年に草稿を書き、エンゲルスによって1894年に編集・公刊されたものでした。

ところが、未来社会論のこの本論が、第三部の公刊から数えても100年余りの間、ほとんど誰からも注目されず、見落とされてきたのです。

レーニン『国家と革命』での二つの誤解

その最大の原因は、レーニンがその著作『国家と革命』で展開した議論にありました。

この著作は、第1次世界大戦中のスイス亡命最後の時期（1916年10月〜12月）の研究を基礎に、翌年11月の革命の前夜に執筆したもので、そこでの理論展開は、世界の共産主義運動のなかで、長く指導理論として扱われてきました。

そこには、二つの柱がたてられましたが、どちらも、その理論組みにはマルクスの見解の大きな誤解がありました。

一つは、革命の理論で、武力による革命を社会主義革命の普遍的法則として定式化したことです。これは、歴史的な情勢の発展のなかで、マルクスが、議会での多数を得ての革命の可能性を重視するようになったことを無視した、誤った定式でした。

もう一つは、未来社会、社会主義・共産主義の社会についての理論です。レーニンは、『ゴータ綱領批判』（1875年）というマルクスの論文で、マルクスが未来社会における生産物の分配方法の発展の問題を論じている部分をとらえて、そこにマルクスの未来社会論の基本があると誤解し、生産力の増大に応じて「労働に応じた分配」から「必要に応じた分配」に発展するのが未来社会の発展法則だという定式化をおこなったのです。

それ以来、この理論が、長いあいだ世界の共産主義運動の〝定説〟として扱われ、マルクスが『資本論』で展開した本来の未来社会論は、この〝定説〟の陰に、その姿をすっかり隠してしまったのでした。

自主独立の立場でマルクスの本来の理論を解明

日本共産党は、「五〇年問題」の痛苦の経験を通じて自主独立の立場を確立して以後、

レーニンの未来社会論批判を最初に展開した不破哲三著『古典研究　マルクス未来社会論』

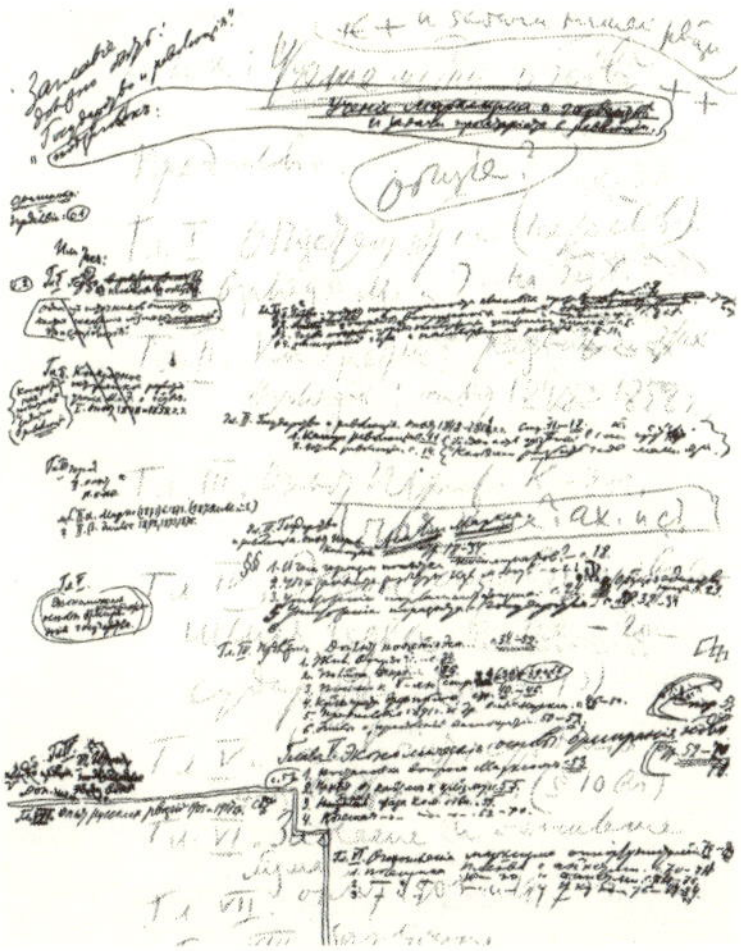

『国家と革命』のプランを記したレーニンのノート（1917年）

どんな理論問題でも、既定の国際的〝定説〟にとらわれず、マルクスの理論の核心を独自に探究し、それを現代の諸条件に即して発展させる努力をつくしてきました。

革命論についてのレーニンの誤解については、1960年代に中国の毛沢東一派との闘争のなかで、レーニンの誤解をただし、多数者革命論にこそマルクスの理論的到達点があることを明らかにしました。

未来社会論についてのレーニンの誤解については、探究により多くの時間を必要としましたが、2004年、第23回党大会における党綱領改定の際に、根本的解明をおこなって、この問題でマルクスが『資本論』で展開した未来社会論の全貌を明らかにし、日本における社会変革の展望の根底にすえました。

これらの理論活動は、長期にわたって見落とされてきたマルクスの社会変革論に新たな現代的生命を与えるという、大きな意義をもつものでした。

輝かしい未来像――人類社会の「本史」

「必然性の国」と「自由の国」

未来社会論の本論は、『資本論』第三部の最後の篇で解明されています（新日本新書版⑬1434～1435ページ）。たいへん、圧縮した表現になっていますが、その要旨は次の通りです。

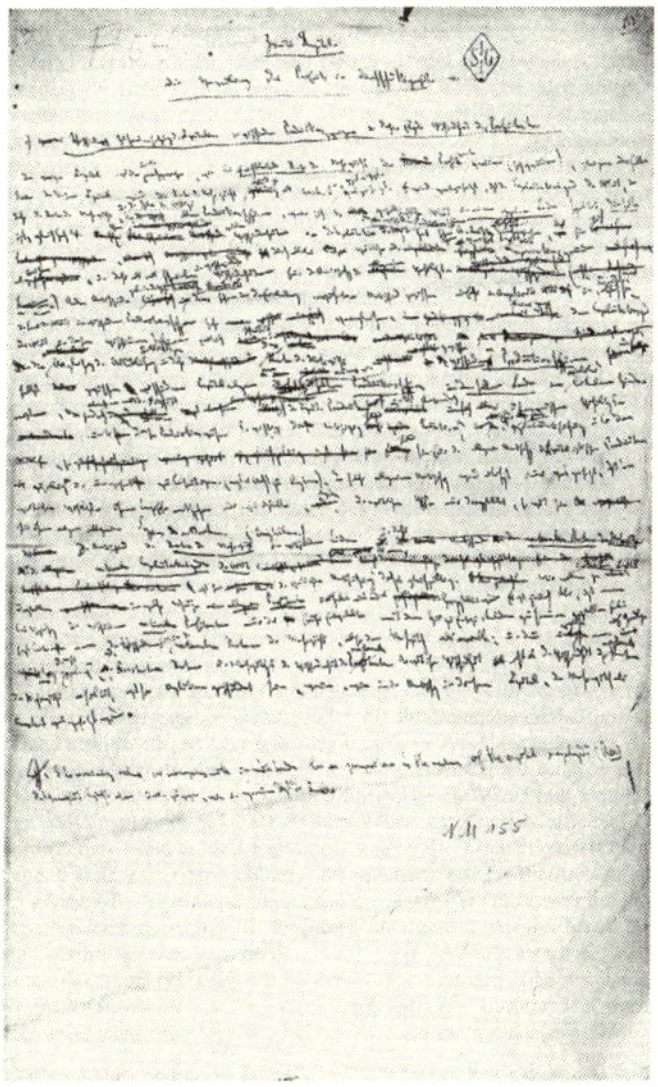

『資本論』第三部のマルクスの草稿

マルクスはまず、未来社会に生きる人間の生活時間を、二つの部分にわけます。

一つは、自分とその家族の生活を含め、社会を維持・発展させるために必要な物質的生産に従事する時間です。この社会では、一部の階級ではなく、社会の全員が生産労働を分担するわけですから、それだけでも、現在の資本主義社会での労働時間よりも、はるかに短い時間になるでしょう。しかも、資本主義経済は、大量生産・大量消費・大量廃棄を看板にしたたいへんな浪費経済で、利潤獲得の舞台になればどんな無駄・無益な分野にも競争で資本を投下します。

「無政府的な競争制度は、社会的な生産手段と労働力の際限のない浪費を生み出し、それとともに、こんにちでは不可欠であるがそれ自体としては不必要な無数の機能を生み出す」（同③906ページ）。

こうした浪費経済と手を切った未来社会では、物質的生産にあてるべき時間は、さらに短縮されるでしょう。マルクスは、人間の生活時間のうち、この時間部分を「必然性の国」、それ以外の、各人が自由にできる時間部分を「自由の国」と名付けました。

物質的生産の時間がなぜ「必然性の国」なのか

労働にあてる時間を、なぜ「必然性の国」と呼ぶのか。

マルクスは、インタナショナルの「創立宣言」（1864年）を書いたとき、未来社会では、労働の非人間的な性格はなくなるとして、そこでの労働を次のように特徴づけました。

「自発的な手、いそいそとした精神、喜びにみちた心で勤労にしたがう結合的労働」しかし、他人のための苦役ではなく、楽しい人間的な活動に性格が変わったとしても、この活動は、社会の維持・発展のためになくてはならないもの、そういう意味で、社会の構成員にとって義務的な活動となります。マルクスは、「必然性の国」という言葉で、この時間部分が、「すべての労働能力のある成員」にとって義務的な性格をもつことを示したのでした。

「自由の国」とは。「人間発達の場」

それ以外の時間は、まったくの自由時間です。そして、たとえば、日本の資本主義の現在の生産力発展の段階で考えても、自由時間は、生活時間のきわめて大きな部分を占めることになるでしょう。〝余暇〟という言葉がありますが、これは、労働にあてる時間が中心だから〝余暇〟なのです。労働の時間ではなく、自由時間が人間生活の主要部分になる、これが未来社会です。「時間は人間の発達の場」という言葉が、本当に生きてくる社会です。

そこでは、多くの可能性をもちながら、機会や条件に恵まれず、それを生かせないまま生涯を終えるといったことは、もはやなくなるでしょう。すべての人間が、〝余暇〟も大いに楽しみながら、自分のもつ能力を発展させることができる社会が、人類史上初めて現実のものとなるのです。こういう意味で、マルクスは、この時間を「自由の国」と呼びました。

人類社会の未来像

マルクスは、その発展法則を語った次の文章で、未来社会論を結びました。

「この国［必然性の国］の彼岸において、それ自体が目的であるとされる人間の力の発達が、真の自由の国が――といっても、それはただ、自己の基礎としての……必然性の国の上にのみ開花しうるのであるが――始まる。労働日の短縮が根本条件である」（新日本新書版⑬１４３５ページ）。

この社会では、すべての人間の力の発達が保障され、その成果に応じて、労働日（必然性の国）のさらなる短縮が可能になり、それがまた「自由の国」のさらなる発展の条件となる。これが、未来社会の発展の法則となるのです。

『資本論』のこの部分を書く6年前、マルクスは人間社会の過去・現在・未来を概括して、資本主義社会の終焉《しゅうえん》とともに「人類社会の前史は、終わりを告げる」と述べたことがありました（『経済学批判』「序言」１８５９年）。

「前史」の終わりとは、「本史」の始まりのこと。人間の発達が社会発展の原動力となるとは、まさに人類社会の「本史」にふさわしい未来像ではないでしょうか。

過渡期の研究

旧社会が新社会に交代することは、歴史的な大仕事で、短期間で済むことではなく、一定の「過渡期」が必要になります。この問題にマルクスが本格的に取り組んだのは、『資本論』第一部刊行4年後の1871年、フランスの労働者階級の壮挙、パリ・コミューンの足取りを研究するなかででした。

パリ・コミューンとマルクス

パリ・コミューンとは何か。

それまでフランスは、ナポレオンのおいであるボナパルト3世の専制支配のもとにありました。そのボナパルトが1870年、ドイツに無謀な戦争を仕掛けたがたちまち敗戦、皇帝自身も捕虜になり、ドイツ軍が国境を越えてパリにせまるという危機的な事態に見舞われたのです。フランスの支配階級は、パリを放棄して南部方面に共和政府をたてます。

このとき、71年1月、見捨てられたパリが国民軍を中心に決起し、3月には、選挙によってパリの民衆を代表する臨時政府をうちたてました。これが、パリ・コミューンでした。コミューンは、5月、政府軍の総攻撃を受けて崩壊します。しかし、この臨時政府が、2カ月という短期間だったとはいえ、内外の敵からパリを防衛し、160万の人口をもつ世界有数の巨大都市をみごとに統治したことは、人民権力の持つ力をいかんなく発揮したものでした。

マルクスは、この壮挙を歴史の記録に残すために、コミューンの事業の全面的な研究にとりかかりました。コミューンの活動は、本格的な社会改革に手をつけるには至りませんでしたが、マルクスは、さらにその前途にまで研究を進め、そこから、労働者階級の解放の事業にかかわる重大な結論を引き出したのです。

マルクスのパリ・コミューン賛歌

71年5月28日、コミューンはフランス政府の野蛮な弾圧によって壊滅させられました。インタナショナルは、6月半ば、呼びかけ『フランスにおける内乱』を発表してコミューンの偉業をたたえました。この呼びかけは、マルクスが執筆したものでした。

そしてマルクスは、この呼びかけの中に、次のような、「過渡期」にかかわる大きな見通しを書き込んだのです。

〝労働者階級は、社会のより高度な形態をつくりだすためには、長期の闘争を経過し、環境と人間をつくりかえる一連の歴史的過程を経過しなければならない〟

この文章では、「環境と人間をつくりかえる」とは何か、その仕事になぜ長い「歴史的過程」が必要になるのか。その筋道がわかりません。そのために、この文章の意味は、長い間、理解されないできました。ところが、マルクスは、実はそのことの解説まで書き残してくれていたのです。その筋道は、「呼びかけ」の準備のために書いた「草稿」に、はっきりとした言葉で説明されていました。

パリ・コミューンの成立に湧く市民

「奴隷制のかせ」からぬけだす

その説明の要旨は、次のとおりです。

資本主義のもとでも、大工業段階になると、労働者の共同作業が大規模に組織されて、資本家の指揮のもとではあるが、労働者の集団が生産過程を動かす体制がつくられてきます。マルクスは、『資本論』のなかでも、これを「社会的生産経営」と呼び、社会体制が変われば、その労働者の集団が今度は文字通り生産の主役になって、新しい生産体制ができあがるという見通しを述べたりもしていました。

しかし、コミューンの活動なども観察しながら、深く考えてみると、ことはそう簡単ではないことに気が付いたようです。資本主義の下では、集団での共同作業といっても、それはすべて上からの指揮、資本家の命令のもとでの共同作業です。その経験が染みついた労働者が、自由な独立した立場で、しかし生産活動に必要な規律をきちんと守りながら共同作業をする、そういう新しい時代を担う階級に成長するには、資本主義で身に付いた悪習を全面的に乗り越えなければなりません。マルクスは乗り越えるべきこの悪習を「奴隷制のかせ」と呼びました。

社会を変革し、生産手段を資本家の所有から社会の所有に移すことは短期間でできても、労働者階級が「奴隷制のかせ」を完全に脱ぎ捨てて、社会と生産の主人公にふさわしい階級に成長するには、「環境と人間をつくりかえる」長期の歴史過程が必要だ、これが、マルクスの「過渡期」についての新しい結論だったのでした。

私たちは、マルクスのこの結論を重視し、２００４年の党大会で改定した新しい党綱領には、そのことを、「生産手段の社会化」について述べた部分で、次のように明記しました。

「生産手段の社会化は、……日本社会にふさわしい独自の形態の探究が重要であるが、生産者が主役という社会主義の原則を踏みはずしてはならない。『国有化』や『集団化』の看板で、生産者を抑圧する官僚専制の体制をつくりあげた旧ソ連の誤りは、絶対に再現させてはならない」

ここで名指ししているように、旧ソ連は、「社会主義」の看板を掲げながら、資本家に代わって、専制国家が労働者にたいする「奴隷制のかせ」を握り続けた〝ニセ社会主義〟の典型でした。

「社会主義をめざす」国をどう見るか

マルクスの未来社会論から見て

現在の世界には、社会主義に到達した国は、まだどこにもありません。存在しているのは、国の民族的解放と独立を中心に民主主義的な変革をおこない、社会主義への発展をめざすとしているいくつかの国々です。私たちは、これらの国々を「社会主義をめざす国」と呼んでいます。ここでは、個々の国の個別論ではなく、いま見てきたマルクスの未来社会論をふまえて、これらの国々をどう位置づけるのか、この問題をごく大づかみに考えてみたいと思います。

経済的土台がまだ発展途上にある

そこでは、いくつかの角度が重要だと思います。

第一は、これらの国々の革命が、社会主義の経済を作り上げるだけの発展した物質的生産力をもたない段階でおこなわれた革命だった、ということです。そこでは、当然、当面可能な改革をすすめながら、生産力を発展させて、社会主義の経済的土台を作り上げることが、社会主義をめざすうえでの大きな任務となります。

１９１７年に最初にこの道に踏み出したロシアも、帝国主義強国の一つではありましたが、経済的には発展がおくれており、経済的土台となる物質的生産力の発展をいかにしてかちとるかが、革命後の重大な課題となりました。レーニンは、一連の試行錯誤を経て、１９２１年、かなり長い時間をかけ、農民との提携を確保しながらこの目的を達成する「新経済政策」を打ち出しました。しかし、スターリン時代に、この政策は放棄され、専制的なやり方で工業生産力の急成長をはかる政策が強行されました。

「社会主義をめざす」国々は、いま、それぞれの国なりの独自のやり方で経済建設を進めていますが、どの国も、発達した資本主義国の到達している状態にくらべれば、まだおくれている状態にあります。中国の経済発展はその先頭に立っており、国内総生産では、日本を抜いてアメリカに次ぐ世界第2位になりましたが、人口1人当たり（2016年）では、米国5万7436ドル（世界8位）、日本3万8917ドル（22位）、中国8113ドル（世界74位）で、まだおくれた水準にあります。経済発展の面で最前線にある中国でも、経済力総体の水準がまだこういう段階にあることは、よく見ておく必要がある点です。

政治・経済に「ソ連型」輸入の歴史

第二は、これらの国々が、革命の成功後、社会主義をめざす道をとり始めたときに、当時、成功した「社会主義の先進国」と見られていたソ連型の体制を、政治・経済の両面でモデルとしてかなり大幅に取り入れた歴史をもっていることです。その後、どこでも、いろいろな変化を経験してきていますが、最初の移行期にソ連型モデルの輸入から出発したことは、現在なお多くの影を落としているように見受けられます。それらの事情もふくめて、「社会主義をめざす」路線は、全体として、模索あるいは探求の過程にあるといってよいでしょう。

覇権主義の歴史を持つ国の注意点

第三。対外政策の問題では、覇権的大国の歴史を持つ国では、とくに覇権主義の再現を警戒する必要があります。レーニンは、スターリンの活動に大国主義の傾向があらわれたとき、そこにツァーリズム時代の「大ロシア的排外主義」復活の危険を見て、それとの「生死をかけた闘争」を宣言しました。レーニンの警告がいかに正しかったかは、その後、スターリンの覇権主義およびその後継者たちの行動によって実証されたところでした。

マルクスは、インタナショナルの「創立宣言」（1864年）のなかで、解放運動がめざすべき国際政治の基本目標を、「私人の関係を規制すべき道徳と正義の単純な法則を諸国民の交際の至高の準則として確立すること」という定式にまとめました。ここには、覇

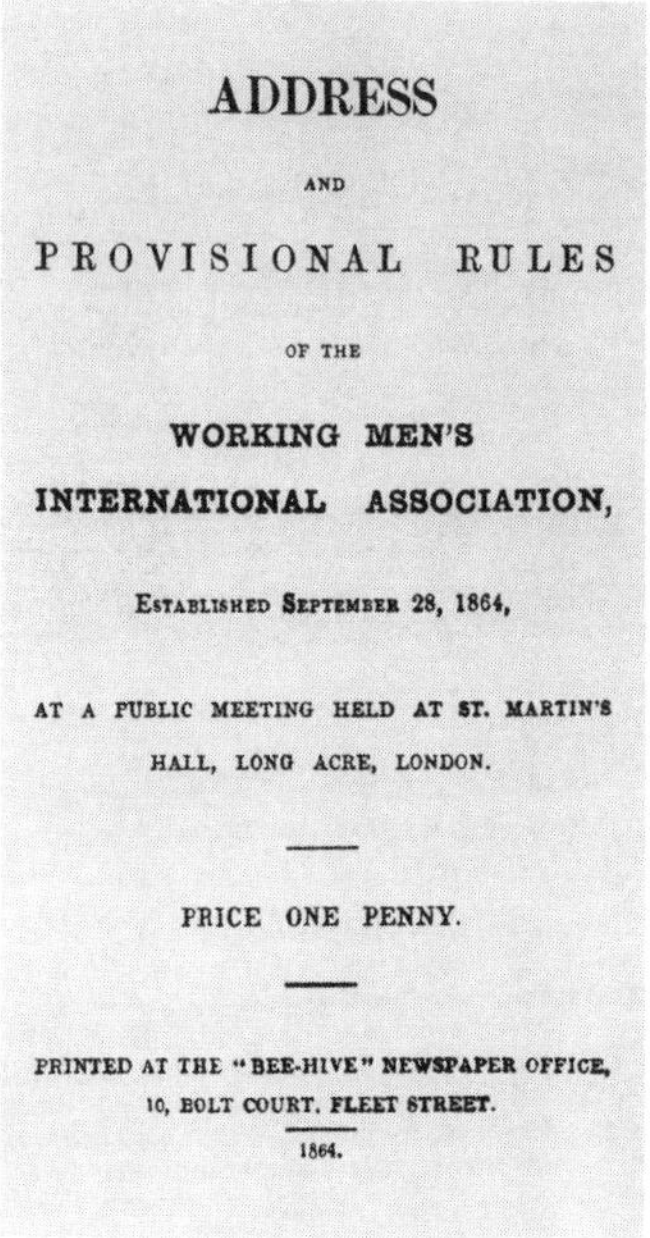
ADDRESS

AND

PROVISIONAL RULES

OF THE

WORKING MEN'S

INTERNATIONAL ASSOCIATION,

ESTABLISHED SEPTEMBER 28, 1864,

AT A PUBLIC MEETING HELD AT ST. MARTIN'S HALL, LONG ACRE, LONDON.

PRICE ONE PENNY.

PRINTED AT THE "BEE-HIVE" NEWSPAPER OFFICE, 10, BOLT COURT, FLEET STREET.

1864.

マルクスが執筆したインタナショナル『創立宣言と規約』の扉ページ（1864年、ロンドン）

権主義、大国主義の行動を許す余地はまったくないのです。

私たちは、1960～70年代に、ソ連と中国の二つの大国からの覇権主義、干渉主義の攻撃との激しい闘争を経験しているだけに、世界政治におけるその危険に対しては、誤った過去の再現を許さない立場で、対応してゆく必要があると考えています。

いま三つの点を挙げました。マルクスの目で「社会主義をめざす国々」の現状と前途を考えるとき、これらの点が大きな意味をもつのではないでしょうか。

革命家マルクスの決断

反共攻撃には一大打撃を

『資本論』は、マルクスが書斎のなかで書きあげた著作ではありません。生活のためほとんど毎日のようにいろいろなテーマでの新聞論説の執筆にかかり、たえず起きてくる運動上の課題もこなしながら、昼間、余裕があれば大英博物館で膨大な書物のノートをとり、『資本論』関係の執筆はもっぱら自宅での夜業でやる、これが、『資本論』第一部刊行にいたるマルクスの日常でした。

そのマルクスが、『資本論』の仕事と運動上の任務と、どちらを選ぶか、その選択をせまられた時期が2回ありました。『資本論』の大業にとりくむ革命家マルクスの姿勢をみるためにも、その経過を紹介したいと思います。

フォークトの反共攻撃に直面して（1860年）

マルクスが、『資本論』に先行する著作『経済学批判』を刊行したのが1859年6月、その続巻にあたる『61～63年草稿』を書きはじめたのが61年8月、そのあいだに2年を超える中断の時期がありました。これは、『資本論』の準備過程では、ほかに例のないことでした。

実は、このとき、マルクスは悪質な反共攻撃に直面し、それとたたかうために、『資本論』の準備作業を中断する決断をしたのでした。

攻撃を仕掛けたのは、ドイツの自然科学者フォークトで、19世紀の俗流唯物論者の一人として哲学史にも名を残していますが、当時は国際政治の政論家として知られていました。そのフォークトが、1860年1月、48年のドイツ革命の時代のマルクスを中心とした共産主義者同盟の活動を取り上げて、〝マルクスは、『刷毛《はけ》一家』、『硫黄団』と名乗る陰謀団体の首領で、仲間を警察に売り渡す役割までした〟といった誹謗《ひぼう》・中傷の文章を発表したのです。

マルクスは、この事実を知った時、この攻撃を打ち破る決意をしました。エンゲルスは、〝『資本論』の完成こそは君の任務だ、激動の時代が始まった時、それが書き上がって

1864年から1875年、『資本論』第１巻を執筆した当時、マルクスが住んでいた家の書斎

いなかったら君はどうするつもりだ〟と忠告する（60年1月31日の手紙）のですが、マルクスは聞きません。〝党全体にたいする大打撃には、一大打撃をもって答えるべきだ〟（2月3日の手紙）とし、『資本論』の準備を中断して、反共攻撃粉砕の闘争に全力をそそぎました。

ドイツ革命時代の党――共産主義者同盟はすでに解党していましたが、マルクスにとっては、いま形はなくとも、革命の事業を推進する「党」は常に存在しており、この事業に参加している者にとって、「党」の名誉と正義を守ることは責任をもって果たすべき義務だったのです。

マルクスの反撃、中傷者を完全に粉砕

マルクスの反撃は徹底していました。首領の役目をおしつけられた「刷毛一家」も「硫黄団」もマルクスとは

マルクスが書いた『フォークト君』の扉ページ（1860年、ロンドン）

まったく無関係の団体でしたから、当時のそれらの団体の加盟者やドイツ革命の関係者などに手紙を書いて、事実に関する証言を要請しました。マルクス自身、こういう手紙を五十数通も書いたと述べています。これにこたえて、マルクスの手元には、フォークトの根も葉もない中傷を知った関係者から、宣誓書付きの証言が次々によせられました。

こうした過去の歴史事実の徹底した調査をもとに、マルクスは、60年12月、反撃の書『フォークト君』を公刊したのです。

この書では、誰も否定しえない事実にもとづいて、フォークトの誹謗は完膚なきまでに粉砕されました。

しかし、マルクスの反撃はそこにはとどまりませんでした。マルクスは、この書の後半を、フォークトがヨーロッパの政治問題について発表していた政治論説の分析に当てました。そして、フォークトのすべての論説が、フランスのボナパルト皇帝の外交政策への支持・応援という性格をもっていること、フォークトは政治的にはボナパルトの恥ずべき手先であることを、彼の論説そのものによって証明してみせました。

マルクスは、この仕事を終えて、『資本論』の仕事に復帰しました。そして、61年8月には、必要な諸準備を終えて、『61～63年草稿』の執筆を開始したのでした。

後日談。ボナパルトから四万フランの資金

これには、大事な後日談があります。

１８７０年、対独戦の敗戦でボナパルト政権が崩壊した後、ボナパルト宮廷から発見された文書のなかに、ボナパルトが１８５９年8月、〝フォークトに4万フランを渡した〟という記録が発見されたのです。マルクスは、政論の分析から彼がボナパルトの手先であることを証明しましたが、まさに、彼は金で買収されたボナパルトの手先そのものであり、マルクスへの反共攻撃も、その立場からの行動だったのでした。

国際運動に本気で取り組む

フォークト事件の4年後、マルクスが、ふたたび決断を迫られる時が来ました。

マルクスは、1863年7月に『61～63年草稿』を書き終わり、その著作の表題を『経済学批判』から『資本論』に改めて、8月から第一部の執筆（のちに『初稿』と呼ばれることになった）を開始し、64年夏にはそれを書き終えて、すぐ第三部の最初の部分の執筆に進みました。『資本論』の執筆が調子に乗ってきた時期だったと思います。

第三部執筆の最中に予期しない事態がおこりました。

インタナショナルの創立。マルクスの参加

9月、イギリスとフランスの労働者たちの発意で、ロンドンで国際的労働者集会が開かれ、マルクスも招かれて出席したのですが、そこで、労働者階級の国際組織を作るところまで話がすすんでしまったのでした。「国際労働者協会」（インタナショナル）の創立でした（64年9月28日）。

新しい組織は、創立大会から1カ月余りたった11月1日、創立宣言と暫定規約を決定し

ました。そこに至る経過の中で、この組織を指導する力をもった幹部はマルクス以外にいないことが、おのずから立証されました。

選ばれた暫定委員会は、ご当地のイギリスの労働組合の幹部をはじめ、たいへん雑多な傾向の人びとからなっていました。マルクス自身、エンゲルスへの報告の手紙で、「再び目ざめた運動が以前の大胆なことば使いを受け入れるようになるまでには時間がかかるのだ」と語りはしましたが（11月4日の手紙）、48年革命以来の同志で、アメリカに亡命していたヴァイデマイアーには、いっそう強い言葉で、この組織の活動に本気で取り組む意思を、明らかにしました。

「僕は長年にわたって、いっさいの『組織』等々への参加をすべて系統的に断ってきたのだが、今回は引き受けた。というのは、こんどの一件では有意義な活動をすることができるからだ」（11月29日の手紙）。

インタナショナルの第１回大会に参加した代議員
（ジュネーブ、1866年）

運動指導と『資本論』の両立に苦労

しかし、この決断をしたものの、インタナショナルの活動と『資本論』の執筆を同時並行で進めることは、容易なことではありませんでした。

毎週火曜日の委員会の定例会議だけでなく、イギリスの選挙権運動、ポーランドの集会などからフランスの支部の内紛など、あらゆる問題が、結局はマルクスの所へ持ちこまれるのです。エンゲルスへの手紙も、インタナショナルの活動やぼやきが最大の主題となってきます。ある日のマルクスの嘆きの声をきいてください。

「昨晩はやっと朝の四時にベッドに入った。あの本の仕事のほかに、国際協会がまったく途方もなく多大の時間を取り上げるのだ。というのは僕は事実上これの頭《あたま》だからだ」（65年3月13日の手紙）。

しかし、マルクスはともかくこの時期に、第二部の最初の草稿を書きあげ、その中で、例の新しい恐慌論を発見したのです。そして、その年の6月には、その発見をふまえた最新の到達点で、労働者運動の当面の任務と社会変革の闘争の展望を語ったのでした（『賃金、価格および利潤』）。

運動への参加が『資本論』完成の力に

マルクスは、翌66年、新しい構想で『資本論』の第一部の完成稿の執筆にかかります。新構想の大きな特徴の一つは、旧構想ではそれぞれ独立の部となるはずだった「資本」と「賃労働」を統合し、資本主義的生産を両面から総合的に分析することにありました。そして、社会変革の展望では、労働者階級の「訓練・結合・組織」の過程が変革の主体的条件として大きく位置づけられることになりました。65～67年の新たな理論的発展のこの時期に、マルクスが労働者階級の国際的運動の指導的中心にいて、運動分野の理論と実践に取り組んだことは、『資本論』完成稿の成立をささえる大きな力になったのではないでしょうか。

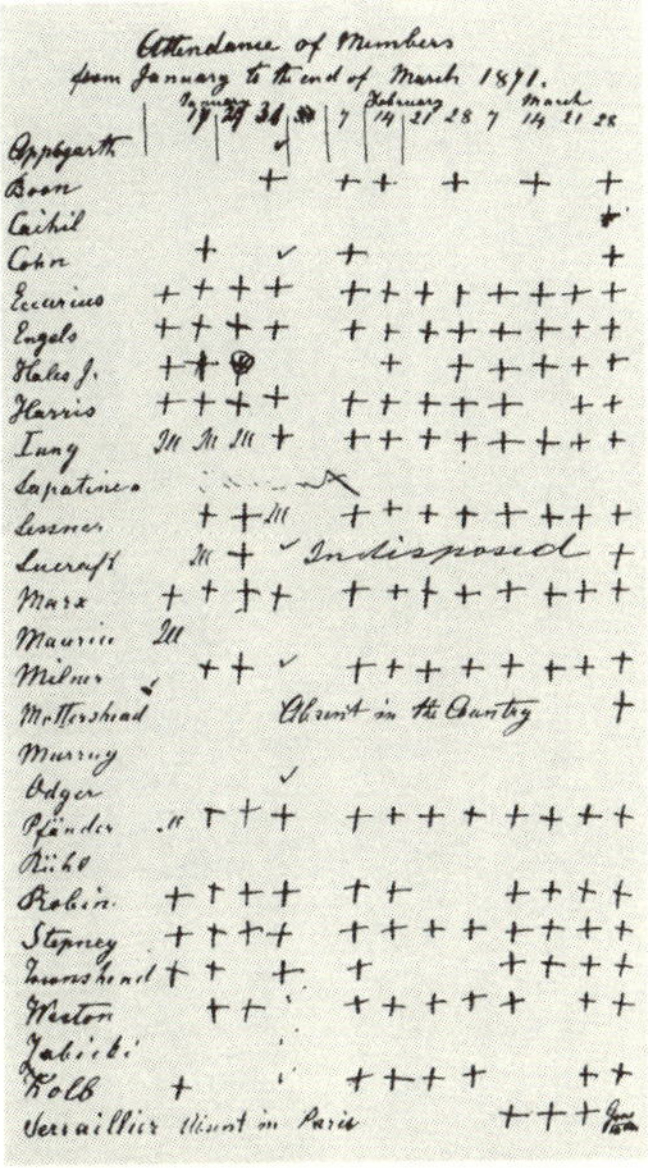

インタナショナル総評議会への出欠表（1871年１月～３月）。上から５人目がエンゲルス、12人目がマルクス

『資本論』第1巻は、67年9月、インタナショナルの2回目の大会が開かれた直後に刊行されました。イ

ンタナショナルの活動参加に踏み切ったマルクスの決断は、『資本論』の完成という任務にとっても、意義ある決断だったのでした。

マルクスには、まだ『資本論』の第二部、第三部を仕上げる課題が残っていました。この部分も、草稿は一応書きあげていました。しかし、マルクスにとっては、まだそれは最初の未完成な草稿にすぎず、刊行のためには、「原稿をすっかり書き直すことが必要」だったのです（71年6月の手紙）。

マルクスは、残る生涯をかけてその仕事に取り組みました。〝原稿の書き直し〟は、第二部についてはかなりのところまで進行しましたが、第三部については、ロシアの土地問題や急速な発展を遂げつつあったアメリカ資本主義の問題など、膨大な研究をおこなったものの、ついに新たな原稿の執筆には取りかかれないまま、年来の病気との苦闘のうちに、１８８３年3月14日、その64年余の生涯を閉じました。

この時期にも、マルクスは、インタナショナルが72年9月にヨーロッパでの活動を終えるまでは、その「事実上の頭」としての任務に全力を注ぎ、それ以後も、ドイツ、フランス、アメリカなど各国の社会主義運動の発展に、エンゲルスとともに大きな指導的役割をはたし続け、最後まで、理論活動と実践の統一という立場を貫きました。

現在、私たちが読んでいる『資本論』第二部は、マルクスが１８６８～82年に執筆した

〝書き直し〟の諸草稿から、第三部は、１８６４〜65年に書いた最初の草稿から、エンゲルスが編集・刊行したものです。

『資本論』刊行の１５０年後にマルクスを学ぶものにとっても、理論活動と運動上の任務の統一という立場を節々に示してきた革命家マルクスの姿勢は、たいへん教訓的だと思います。そのことを最後に一言してこの連載を閉じることにします。

不破哲三（ふわ　てつぞう）
1930年生まれ。東京大学理学部物理学科卒業（53年）。日本鉄鋼産業労働組合連合会本部書記を経て、64年より日本共産党中央委員会で活動、書記局長、委員長、議長を歴任。その間、69年より2003年まで衆議院議員（連続11期）。現在、党常任幹部会委員、党社会科学研究所長。
主な著書：『古典教室』（全3巻）、『「資本論」全三部を読む』（全7冊）、『古典への招待』（全3巻）、『マルクス、エンゲルス　革命論研究』（上・下）、『古典研究　マルクス未来社会論』、『日本共産党史を語る』（上・下）、『スターリンと大国主義』、『日本共産党にたいする干渉と内通の記録』（上・下）、『スターリン秘史』（全6巻）、『現代史とスターリン』（共著）、『「科学の目」で日本の戦争を考える』、『文化と政治を結んで』（新日本出版社）
『報告集・日本共産党綱領』、『党綱領の理論上の突破点について』、『党綱領の力点』（党出版局）
『マルクスは生きている』（平凡社新書）、『私の南アルプス』（山と溪谷社）、『不破哲三　時代の証言』（中央公論新社）、『一滴の力水』（共著、光文社）、『歴史教科書と日本の戦争』（小学館）、『マルクスと友達になろう——社会を変革する学び』（民青同盟中央委員会）

『資本論』刊行150年に寄せて

2017年9月30日　初　版

著　者　不　破　哲　三
発　行　日本共産党中央委員会出版局
〒151-8586　東京都渋谷区千駄ヶ谷4-26-7
TEL 03-3470-9636 / mail : book@jcp.or.jp
http://www.jcp.or.jp
振替口座番号　00120-3-21096
印刷・製本　株式会社光陽メディア

落丁・乱丁がありましたらお取り替えいたします

ISBN978-4-530-04414-7 C0031　Printed in Japan